포도알이 남기는 미래

포도알이 남기는 미래

이선영 시집

창비

차 례

제1부

제2부

제3부

제1부

새해

제비 다리를 붙들고 늘어지듯
그대에게 새해 선물을 청하였더니
금은보화 쏟아져나오는
흥부 박이 아니라
방망이 든 도깨비 불쑥 튀어나오는
놀부 박을 주었네
내 욕심이 과해서
제비 다리가 부러졌다나
비둔한 몸을 흠씬 두들겨맞고
그동안 이룬 것 모두 허사로 돌아갔으니
이 황폐를 다시 일궈야 하게 생겼네
혹부리 영감의 무거운 혹 같은 욕심주머니일랑
도깨비에게 감쪽같이 팔아버리고

슬근슬근 톱질하세

그대가 준 놀부 박에
묵은 해가 깨어졌네

야생오리

이윽고 겨울이 지나면 야생오리들은 잊지 않고
날아왔던 곳을 향해 다시 날아간다

그러나 겨울이 지나도 날아가지 않고
남아 있는 오리들이 있다

때로 나는 내가 그,
손쉽게 길들여진 집오리들 가운데 하나라고 생각하곤
한다

거북이

꼬마동물원의 거북이는 좁은 울안에서 한 발자국도 움직이지 않는다
크고 둥근 갑각의 지붕 아래 생살 같은 머리만 꿈벅 내밀고
그 연골의 떨림만으로 살아 있다

모래웅덩이에서 태어나 바다에 이르기까지
숱한 모래무덤에 발이 빠지곤 했을 저 거북이는
등에 지고 있는 그 무거운 딱지가
그 안에 잉여와 같은 살을 가두는 것으로 목숨을 부지해온 그 튼튼한 딱지가
저의 걸음을 더디게 하고 더러는 한 발 내디딜 수조차 없게 만든다는 사실을 알고 있을까

잰걸음이 아니라서 헛걸음을 걷지 못하는
넓은 모래사장에 사념의 커다란 발자국을 무겁게 내리찍어야 하는,

거북이로 다시 태어나고 싶지 않다

벌레 먹은 대추야자나무

이집트의 사막
달콤한 과실이 열리는 대추야자나무엔
대추야자 바구미가 몰래 숨어산다
그들은 대추야자의 몸속에서 대추야자를 먹이 삼아
보이지 않게 알을 까고 자라나서
급기야 대추야자의 속을 텅 비워버린다
제 몸에 숨어들어온 바구미떼에 오래도록 갉아먹히는 채로
대추야자나무는 심어진 그 자리를 지탱하고 서 있을 뿐이다, 속을 다 털리고서도
바구미떼가 새로운 열매를 찾아 우르르 떠날 때까지
대추야자의 건재(健在) 속에 숨겨진 부재(不在)를 아무도 눈치채지 못한다

대추야자나무는 제 속에 사막을 이겨낼 과실을 키우면서
그 다디단 생명만큼 쓰디쓴 죽음을 함께 키운 것이다

거미

책상 앞에 앉아 있자니 벽에 매달린 거미 한 마리가 보인다
거미가 제 집을 짓는다고 줄을 쳐놓은 것인지
제가 쳐놓은 줄에 제가 걸려든 것인지
거미의 몸은 거미줄 안에서 사지를 늘어뜨린 채 꼼짝도 하지 않는다
죽은 것일까 그렇다면
거미줄은 걷어내야 할 먼지에 지나지 않는다
하나 채 생각을 마치기도 전인 다음 순간 어디선가 나타난 먹잇감에
재빨리 살아 있음을 온몸으로 증명하는 거미의 저 놀라운 움직임!
그 번뜩이는 삶의 순간을 위해 거미는 길고 무료한 죽음을 견뎌내는 것이리라

책상 위의 컴퓨터 앞에 즐겨 앉아 있는 나도
삶을 위해 먼저 죽음의 포즈를 취하는 거미를 닮아간다
컴퓨터와 내가 거미줄로 한덩어리가 되어 있고

거울을 보면 나는 기계의 점멸하는 야망과 함께 시커멓게 타들어가는
한 마리 외로운 거미다

청설모

나뭇가지를 타고 다니며 나무의 수액을 핥는
청설모의 하는 양을 보며 문득 생각한다
시란 저 나무와 같은 것이겠거니,
어미 청설모와 그 새끼들의 입을 적셔주고 목을 축여주는
수액을 분비해내는 일!
한 마리 허기진 백로를 위해 때로는 먹잇감이 되어주는
빙어처럼 살고 싶다고는 말하지 않겠다
시를 쓰기도 전에 몸을 먼저 써버리는 일,
그건 바라는 바가 아니라 하더라도
나는 다시 생각한다
내 시가 나무의 수액이 될 수 있는가를
정갈한 수액을 기꺼이 내놓을 수 있는가를
청설모야, 내 시의 맛이 어떠하냐 네가 먹을 만하냐
어째 나는 식물성으로 회귀할 수 없는 육식성에 길든
위험한 동물, 내 시는 네겐 해로운 분비물인 것만 같구나!

맛조개를 캐는 일

날마다 하루 여섯 시간 이상 갯벌에서 맛조개를 캐며
자식들을 대학까지 보냈다는 금강 하구의 할머니

간식은 달랑 비닐봉지에 싼 생수병 하나

책상 앞에 앉아 펜을 굴리며 글자로 만들어가는 시가 적적하고 한가롭습니다

무릎 위까지 끈적하게 감아오는 갯벌 깊은 속을 그이 역시 말없이 헤저어들어가며
그이 몸의 고적한 노고와 갯벌의 겸허한 순응이 어우러지는 여러 겹의 순간
보이지도 않고 들리지도 않지만 몸과 자연이라는 천연재료만으로 빚어진 시가 몽솔몽솔 피어오르는 듯합니다

그이의 오래도록 수고로운 몸과
캐지 않으면 있을 수 없는 맛조개를 숨겨둔, 막막한 갯벌이
한 폭의 잘 그려진 시가 됩니다

감 따는 사람

당신은 감나무에 올라 감을 따고
나는 멀찌감치 앉아서 감 따는 당신을 바라보네

창백한 은사시나무 옆에 주렁주렁 혈색 좋은 감나무
나는 바라보기만 해도 좋은데
아니, 열매는 바라보아야 좋은 것인데
당신은 열매란 꼭 거둬들여야 한다고

감을 달았다는 까닭에 지금 당신에게 시달림을 당하는 그 감나무처럼
당신도 나무라면 열매를 줄 수 있는 나무가 되기를 바라겠지
그렇다면 나는 바라보는 것만으로, 보여주는 것만으로 충분한 은사시나무가 되고 싶어

당신이 낑낑대며 감나무에 올라가 가지를 베면서 감을 따듯
생을 따고 시를 따는 사람이라면

나는 당신과 당신의 감나무가 함께 겪는 노고를 더러는 안타깝게, 더러는 무료하게 바라보며
햇빛 받아 빛나는 은사시나무의 평화와 고요와 무료함이 생이자 시이기를 바라는 사람

감을 따고 있는 당신과 다만 그것을 바라보고 있는 나와의 그저 그대로일 수밖에 없는 거리
나란히 서 있는 주황 감나무와 하얀 은사시나무의 그냥 그대로가 좋은 거리

유리창

유리창 뒤에서 바라보는 풍경은 얼마나 평화로운가
노랫소리에 맞춰 가방을 멘 아이들은 총총히 학교로 가고
자동차들은 신호에 맞춰 섰다 움직이길 반복하며 연달아 차도를 달린다
멀리서 보면 줄지어 제 길을 찾아가고 있는 헤드라이트마저 정겹고
위험은 먼 나라에서 들려오는 소식일 뿐이다
유리창 너머로 들여다보면
부엌의 여자들마저 얼마나 순해 보이는가
음식을 위해 태어난 자기들의 운명에 순응하듯
묵묵히 그러나 일인극 배우처럼 당차게 부엌을 지키는 여자들
유리창 뒤에서 보는 풍경이 훨씬 아름답고 평화로운데
내가 두려워하는 것은 그럼에도 내가 질질 끌려가고 있는 저 바깥의 힘이다
그럴 때면 나는 인공호흡기를 뗀 식물인간처럼 호흡이 가빠진다

일러두건대 나는 유리창의 시인(詩人), 유리창의 수인(囚人)인 것이다
유리창이 부서져내리는 날 그 자디잔 파편들과 함께
내 영혼도 산산이 바닥에 흩어져내릴 것이다
그러니 삶의 투박하고 거친 손들이여 제발
나를 밖으로 꺼내려 들지 말라
나는 유리창에 고요히 담긴 자이다

화가의 방

화가의 전시회에 가서
사진 속에 있는 그의 방을 들여다본다
원통형에 가득 꽂혀 있는 갖가지 굵기의 붓과
(저렇게 많은 붓이 필요하구나! 붓들의 종류가 저처럼 많다는 것을 나는 눈으로 처음 경험한다)
직접 만들었음직한 여러가지 색깔의 물감이 각각 담겨 있는 항아리 모양의 용기들과
어지럽게 널려 있는 트럼프 낱장들 가운데
(화가의 원색적이고 강렬한 색채를 닮아서일까)
오도카니 앉아 있는 화가의 자태
그를 몰두하게 하는 힘은 무엇인가
만일 그가 자신을 사랑하지 않는다면 그림은 그려질 수 있을까
그런 게 아니라면 화가는
자신을 사랑하기 위해 말똥구리처럼 끊임없이 굴리고 구르며
자신을 궁지로 몰아넣는 것일까

그의 방에 화구들이 갇혀져 있는 것이라기보다
화구들이 가득 차지한 방 한구석을 비집고 앉아 있는 그에게 묻는다

그대의 그림은 자기애인가, 자기염오인가
그대의 골똘한 눈에 넘칠 듯 넘칠 듯 글썽이는 광기는 자기애인가, 자기염오인가
아니 자기염오란 자기애의 다른 얼굴일 뿐일까

그 자신이기도 하고 아니기도 한
그 자신을 못 이기기도 하고 그 자신을 넘어서기도 하는
화가의 방 앞에서 오래 들여다본다
못내 마르지 않는 깊고 바닥없는 우물인 화가의 얼굴

화가의 붓은 휘젓는다, 늘 배반당하는 자신을 또한 늘 배반하는 자신을

카프카*의 도서관

도서관이 나를 불러들였다
지금 나는 이 도서관의 식객이다
내가 해야 할 일은 도서관 안에 진열된 책들을 읽는 일이다
밤에는 멀어질 듯 아스라한 사랑의 흔적을 더듬고
낮이면 블랑쇼의 딱딱한 문학서적을 뽑아든다
그러나 데 끼리꼬의 붉은 탑이 있는 광장에 들어선 것처럼
적막하고 거대한 이 도서관은 내게
다음에 읽어야 할 책에 관해 이야기해주지 않는다
입안 가득 산해진미의 글자들을 물고서도
그는 입을 꾹 다문 채 좀처럼 열어 보이지 않는다

나는 그의 침묵에 억류된 장기투숙객
자고 나면 나는 도서관이 숨기고 있는 비밀을 한꺼풀 알게 해줄
나 스스로 그것을 밝혀내야 한다는 무언의 요구가 담겨 있는

다음 책이 꽂힌 서가를 찾아 이 적막한 광장을 헤매다녀야만 한다

내가 견딜 수 없는 것은 광장의 고독이 아니라
낮을 덮쳐오는 밤의 기억이다
왜 이 도서관엔 낮을 배반하는 밤과 밤을 배반하지 않으면 안되는 낮, 낮과 밤이 함께 있는가
낮의 블랑쇼와 밤의 카프카가 왜 내 안에서 늘 서로를 허물어뜨리며 싸우고 있는가 말이다

* 무라까미 하루끼의 소설 『해변의 카프카』에서.

샤갈의 꿈

—마치 꿈을 꾸는 것 같은, 아니 어쩌면 악몽 속에서
헤매고 있는 것 같은 이 그림 속에는
한 마리의 동물과 누워 있는 여인이 등장한다

달이 발아래 환한 거울처럼 놓여 있고
황금 이파리를 탐스럽게 단 나무들의 뿌리가
내 열어젖힌 가슴을 향해 쏟아질 듯 매달린
뒤집어진 세상
그대의 등 위에 사지를 늘어뜨리고 업혀가는
한바탕 꿈, 나를 내가 아니게 하는 그대라는 악몽
눈뜨면 다시 달은 저 아득한 위로 올라가 박히고
달 아래서 인간이 인간을 해치고

—테러와 혼란, 불행이라는 거인이 알라딘의 요술램프 속에서 세상으로 나왔다. 그를 다시 병 속에 집어넣는 것은 불가능하다.

죽음의 아가리가 조금씩 삶의 한귀퉁이를 먹어들어가고

—주요 도로에는 10m마다 부비트랩이 설치돼 있고 담장 너머에는 언제든 폭파장치를 누를 준비가 돼 있는 무장단체 요원들이 앉아 있다.

살아가기 위해 늘 눈앞에 놓인 의무와 대결해야 하는

—요즘 나의 가장 절박한 관심사는 '빌어먹을' 기사를 쓰는

게 아니라 살아남는 것이다.

나를 나로 돌아오게 하는, 그대가 사라진 악몽
눈을 감으면 이상하게 달은 발밑에 있고
눈을 뜨면 달은 여전히 머나먼
꿈은 세상으로부터 달아나는, 세상은 꿈을 깨우는, 악몽
그리고 그대는 내 악몽의 문을 여닫는 문지기

* 고딕체 부분은 월스트리트저널 바그다드 특파원 파너즈 파씨히의 글에서 인용.

말죽거리 잔혹사*

영화는 아웃싸이더들의 잔치인가

승부를 건 싸움 끝에 터져나오는 피도
말 못하고 놓쳐버린 사랑도
순식간에 등을 돌린 친구도
독서실 옥상 위에서 혼자 흘린 눈물도
대학을 가지 못한 혹은 꼭 가야만 하는 엄연한 현실도
그래, 모든 게 다 버겁고 우울하고 잔인한 시절이었다
현수와 우식, 은주, '함박' 그네들에게는

돌이켜보니 그네들에게보다 더 잔혹한 것은 나에게는
말죽거리가 없었다는 것이다
아프고 혼란스럽고 두려운, 저지르거나 미쳐버리는 식의, 그러나 삶에 굵다란 나이테를 남기는 추억이 나에겐 없다는 것이다
나의 생은 말죽거리에서 이름 없는 단역에 지나지 않았다, 지금까지도 그렇듯이

영화적 삶이란 때로 아웃싸이더들의 특권일 뿐
1970년대 나는 모범생이어야 한다는 강박관념을 가진,

평범하고 싶지 않았으나 평범한 소녀였다
그러므로 내게 당치도 않은 시(詩)란,
말죽거리를 살아나오기 위한 마지막 비상구였을까
어느덧 세월이 흘러 2000년대의 중년에 들어선 오늘
소녀 적 내가 다만 지나간 시간의 유해로 묻혀 있는
말죽거리를 지나다

* 유하 감독의 영화 제목.

21그램

100원짜리 동전 네 개
초코바 하나
벌새 한 마리
그것의 무게*

사람이 죽으면 빠져나간다는,
영혼의 무게 21그램

나머지 5만…여 그램의 내 살과 뼈와 피의 무게란
얼마나 무거운 것이냐 덧없는 것이냐

이 고깃덩어리로 뭘 해보겠다고
살과 뼈와 피의 요구를 다 들어주며 가는 내 영혼은 고달프기도 하여라

* 알레한드로 곤잘레스 이냐리뚜 감독의 영화 「21그램」에서.

아버지와 딸

그날 돌아가신 아버지가 뾰족한 막대가 되어 나를 마구 휘저었다 마크IV가 폐차되던 날 아버지의 날개도 폐차되었다 아니 내가 너무 자본주의적 사고에 물들어 있나 폐차된 아버지를 위로조차 할 줄 모르는 나는 철없는 딸자식이었다 아버지를 폐차시킨 건 나였는지도 하긴 이제껏 내가 누굴 위해 살아본 적이 있던가 나는 언제나 내가 먼저였다 그날 딸아이가 준비물을 놓고 간 사실을 알고서도 나는 내 일 챙기기에 급급하지 않았던가 그날 나는 왠지 내가 누군가에게 교묘하게 조종당하고 있는 몸뚱어리일 뿐이라는 느낌 딸아, 지구 한편에서는 너와 같은 또래의 여자아이가 어른들이 겨누는 무분별한 이념의 총대에 어이없이 맞아 죽는 일이 벌어지고 30년 후면 혜성과 부딪히게 되리라는, 그런 위태로운 지구에서 너는 만화책 속의 소녀를 네 종이 위에 새기며 자라고 있다 내가 아버지의 생을 두 손 놓고 어찌할 수 없었던 딸이었듯이 딸아, 나 이후에도 덩굴손처럼 감겨올라갈 너의 생을 내 어떻게 구할까

머리카락을 남기다

내가 하고 다니는 일이란 고작 머리카락으로 길을 삼는 일이다
오늘 하루 나의 행적을 밟아가자면 머리카락과 머리카락이 서로의 혀를 물고 늘어진 채
가느다랗고 아슬아슬하게 이어놓은 오작교를 건너게 될 것이다
길가에, 방바닥에, 의자에, 읽던 책 위에, 스쳐온 누군가의 어깨에, 내려앉은 나의 머리카락들
순식간에 배수구가 막히는
함부로 남기고 싶지 않은 내 존재의, 부산물
내가 나의 가산인 육체를 허섭스레기처럼 치우고 치워야만 하는
그대여, 혹 그대 옷섶에 떨어진
내 머리카락들일랑 부디 간직하지 말아주길
오래오래 잊어주길

다시, 이미자와 김추자

노래는 눈물 없이 내지르는 울음 아닐까

배쫑배쫑 배배쫑
삐꾹삐꾹 삐삐꾹
새는 노래하지만
까악까악 까아악
소쩍소쩍 소쩌억
새는 울음 운다

이미자는 그리움에 지쳐 빨갛게 멍이 든 동백을 애처롭게 울고
김추자는 사랑도 거짓말 웃음도 거짓말 단말마를 운다

내 노래는 때로 이미자보다 애절하고 김추자보다 뜨겁지만

그러나 내 노래는 끝내 이미자의 울음도 못되고 김추자의 그것도 못되는
소리없이 깨무는 입술

어쩔 수 없는 일

이라크 가족 몬더-알-누리와 아들 쌀람의 대화
— 전쟁은 많은 사람을 죽일 거다
— 어쩔 수 없는 일이에요
— 가족이 죽으면, 그것도 어쩔 수 없는 일이라고 말할 거냐 난 매일 울고 있다
망
망
대
해
조류독감에 휩쓸리고
실업에 휩쓸리고
부채에 휩쓸리고
부패와 불법에 휩쓸린
조각배들이

산산조각났다
어쩔 수 없는 일들이었다

몬더-알-누리는 매일 울고 있다

가까이 들여다본 적은 없지만
알 수 있을 것만 같은, 때아닌 추풍낙엽들이
쉴새없이 바닥으로 떨어져내렸다

어쩔 수 없는 일이었다
비어 있는 옆엣가지가 서늘했다

추풍에 흔들리는 가지 위에서 나는 매일 떨고 있다

동어반복

아…… 그…… 이름이 뭐였더라
생각이 나질 않네
맞아, 김선일!
이라크인들을 위해 일하고 싶다고 말하던 선량한 청년
비는 밤새 추적추적 내리고
유영철, 밤새 드릴 우는 소리
감방에서 새우는 무고한 살인의 추억
20년간 환경미화원 일을 계속해온 황인옥씨는
성수대교 붕괴 10년이 된 지금도 딸을 잊지 못하고
동호대교 기찻길에 올라 국화꽃을 뿌린다
모영광, 당시 3세, 2003년 부산 성불사 부근에서 실종
이후 낯선 여인과 떠돌이 생활을 하고 있는 것으로 확인됨
정민, 경철, 청훈 삼남매
새벽일 나간 부모들이 집을 비운 사이
애처로운 새벽별 되어 뜨다
시를 써온 지 20여년 된 이선영
오늘도 이 달큰한 부조리의 영토에서 열심히

산 입으로 죄를 지으며 산목숨에 꿈을 키우며
같은 말
평범한 이름
쓰고 또 쓴다
저는 이선영입니다
그저 사소한 일상일 뿐인
저를 용서하세요

봄이 아프다

꽃들이 파고들어와 내 상처를 물감 삼아 색(色)을 다투니
반도의 바닷바람은 생채기에 소금이라
만나지 못한 연인들은 내 갈비뼈를 퉁기며 울고
벚꽃잎 후르륵 떨어지면 고공의 난간에서 스르륵 가벼운 목숨들도 떨어져내리고
아비가 아이를 꺾고 아이가 할매를 꺾고 남자가 여자를 여자가 남자를 꺾고 꺾고 꺾고……
몇십년 전 끝난 4·19도 묘지 앞 피눈물로 나를 따라오고 또다시 오고

내 머릿속에 제 숟가락을 들이미는 상처의 허기(虛飢)로 인해 나는 나날이 아름답고
내 아름다움의 눈부신 빛 속에서 그대들은 살고 혹은 살 수 없어서 죽어간다

제2부

포도알 속에도 씨가 있다

이 작은 포도알 속에도
몇개의 딱딱한 씨가 들어 있다

이 물컹한 포도알 속에도
무너질 수 없는 어떤 결심인 양 씨가 들어 있다

입안에서 터지는 이 부드러운 포도알 속에도
그냥은 삼킬 수 없는 응어리라는 듯 씨가 맺혀 있다

이 달콤한 포도알을 굴리거나 누르며 지그시 씹을 때도
절로 생겨나 거저 여물 리 있겠느냐는 듯
난자이며 정자인 씨가 혀에 걸린다

손길만 닿으면 건들건들 떨어져내리는 포도알 하나에도
돌부리처럼 걸려 넘어지는 옥니박이 씨가 숨어 있구나!

포도알은 껍질이 벗겨지는 순간 깊고 아득한 목구멍 속으로 사라지지만

결코 그게 다가 아니라며 제 생의 응집들을 뱉어놓는다

포도알은 포도씨를 꼭 물고 있었다
포도씨는 포도알이 남기는 미래다

화살나무

저것은 착하고 예쁜 콩쥐만 보면 입술 삐죽삐죽 돋쳐나오던 팥쥐의 심술일 거다
저것은 전쟁터에 품고 나온 병사들의 총칼일 거다
저것은 '친절한 금자씨'에게서 이영애라는 배우가 태어나듯
이백한편째 시를 쓰고도 아직 태어나지 못한 시인이
입안에 삼킬 듯 머금고 있는 비상일 거다
저것은 정2품송이 못될 바에야 차라리 같은 소나무과는 되지 않기로 한,
소나무가 되려다 만 속마음을 벌써 들켜버린, 아니 소나무를 지레 앞질러간
화살촉, 5·31의 펜대 9·11의 엔진
변두리에서 뭉게뭉게 피어오르는 갈망들에 거꾸로 꽂힌 날개일 거다

공기를 가르며 부드럽게 구부러질 줄 모르는 날개
제 살을 찢고 그 아픔으로 공기를 찢고 세상을 찢는

정2품송이 당당하게 서 있는
양지바른 기념관 음지에 가면
한 그루 화살나무가 활시위에 걸려 있다

징

삶이 영화일 수 없는 이유는
영화에는 해피엔딩이 있지만
삶에는 해피엔딩이란 있을 수 없다는 거지
영화는 이를테면 구멍이 숭숭한 체로 걸러낸 삶이고
그 쳇불의 가장 가느다란 한 오라기까지 해피엔딩을 쏘아올리는 기적의 텀블링일 수 있지만
삶이란 애초에 나도 모르게 불려간 자궁 속으로 징거매어지는 일

그후로 연속되는 몇차례의 징 박는 작업
딸로 징,
학생으로 징,
월급쟁이로 징,
주부로 징,
엄마로 징,
징,징,징
모든 해야만 하는 어려운 역할로의 징 박기

곰팡이 핀 밥솥과 함께 남겨진 아홉살 소년의 마지막이
비명횡사여야 한다면
중국인 소녀 마오마오가 1위안 때문에 목숨을 잃어야 한
다면
흰 상복과 검은 휘장의 장례가 늙은 육체를 위한 마지막
뒤풀이라면
삶은 온갖 저지름의 뒤에 흙의 감방 속으로 징역 살러
가는 일

꽃처럼 사람도 숨이 졌다가 다시 태어나는 거라고?
하지만 널 기억하지 못할 생이라면 그 역시 또다른 징거
매기
어느날 너의 몸과 마음과 기억을 묶고 있던 나의 몸과
마음과 기억이
차갑게 굳어버린 한 구의 시신 속에 동봉돼 사라지고야
말리라
언도받은, 삶은 언…… 언…… 언해피엔딩

시 귀신

이규보 산문 「시 귀신을 몰아내는 글」의 패러디

세상이 너를 장하다 하지도 않고 네 공을 인정하지도 않으니 찧고 까불 일이 뭐 있을까

깊은 데를 들이파고 신비한 것을 파헤쳐 기밀을 누설하는 당돌함조차 없으니 세상을 놀라게 할 일이 뭐 있을까

서슴지 않고 닥치는 대로 취하며 열에 하나도 남김없이 보는 대로 읊어 웅긋중긋한 삼라만상을 붓끝으로 옮기려 하는 기백인들 있으려나

무슨 부월을 가졌기에 싸우고 죽이기를 마음대로 할 것이며, 무슨 권리를 잡았기에 상 주고 벌 주기를 함부로 할 것이냐, 높은 벼슬자리에 있지 못하니 국가의 정사를 논할 일도 없으리라

부지런히 씻고 단장하니 나날이 몸은 비대해지고 욕심으로 정신이 흐릿하구나

시장한 것 목마른 것, 찬 것 더운 것 다 가리며 구차히 사

는 것을 참지 못하고 재산이 많고 벼슬이 높은 것을 우러러 이 앞에 서면 절로 고개 조아린다

무릇 시란 귀신이 붙어야 제대로 나오는 법,
네 형편과 작태가 이러하니
시 귀신이 들러붙을 데가 어디 있겠는가!

흰 알약을 꿀꺽 삼켰을 때

그것은 하얀 눈이 아니었다

하늘에서 무언가 펄펄 떨어져내렸을 때
하얀 버섯구름이 뭉게뭉게 피어올랐을 때

그것은 하얀 눈이 내려서가 아니었다

한 사람의 입이 절박한 알약 하나를 꿀꺽 삼켰을 때
하얀 알약이 그 허약한 인간의 몸속을 타고 녹아내렸을 때

그것은 세상을 환히 밝히는 하얀 눈이 아니라
병든 몸속을 씻어내리는 순백의 가루가 아니라

모든 살아 있는 죄 있는 것들을 질리도록 하얗게 쓸어버리는 것,

하릴없이 늙어버린 한 인간의 말 안 듣는 장기(臟器)들을

아주 망가뜨리자는 작정이었다

일본인 히바꾸샤* 미또야 씨가 억지로 입을 벌려 커다란 알약을 꿀꺽 삼켰다

* 원자폭탄 피해자

어느 대낮 스치는 생의 풍경

때로 트럭에서 떨어져내린 배추 몇포기가
야채장수로 하여금 대로를 무단횡단하는 모험을 감행하게 한다
그냥 갈 수도 있었다 고작 몇푼 안되는 것, 그렇지만 아직 멀리 온 것은 아닌데, 여전히 눈에 밟히는데
무 배추 가득 실은 소형 트럭에는 비상등이 켜져 있고
야채장수는 도로 한복판에서 잃어버린 배추를 향해 조심스레 걸음을 옮기고 있다
그러나 그 기다림도 너무 지루하다는 듯 순식간에 배추포기는 누군가의 차바퀴에 몸을 던진다
속도의 쾌감을 누리려 하는 이, 짓밟는 자의 심보가 어떤 맛인지를 아는 이, 아 하찮은 것이라도 좀 피해갈 줄 아는 사려 깊은 이였다면 좋았을 것을
야채장수 당신도, 기왕 작정한 거, 차라리 트럭으로 대로 한복판을 막아서는 대담함이 있었다면 어땠을까
사소한 것이라도 잃었던 것을 되찾는 데는 무릎쓰고 나서는 용기가 필요한 것 아닐까
도로 위에 흩어진 배춧잎들

야채장수의 다리는 갈피를 잃고
이제 공중에 흩날리는 그것이,
이제 쓸모없는 깃털에 불과한 그것이,
왠지 단번에 늘어져버린 제 인생의 힘줄인 것 같다고
아스팔트 위에 혼자만 물컹하게 서서 그는 생각하고 있는 것일까

해변의 모래예술가

나는 일테면, 꼬빠까바나 해변의 모래예술가가 되리

가끔씩 해변의 사랑과 낭만과 환락을

질투어린 시선이나 연민에 찬 눈길로 곁눈질하면서 모래를 쌓는

더러 무료하거나 호기심 많은 사람들은 내 모래작품을 보러 하나둘씩 모여들겠지

그런 다음 그냥 스쳐가거나 몇마디 질문을 던지는 이들도 있을 거야, 구경꾼 아니면 호사가들

드물게는 내 작업을 한동안 지켜보는 이도 있겠지, 도망칠 데를 찾는 떠돌이들

모래로 지은 내 작품은 금세 만들어졌다 금세 허물어지지

내가 도대체 무얼 하는지 아무도 못 봤다고 할지 모르지만

나는 늘 무언갈 하고 있고 무언갈 남기려 하지

나는 부서지고 흩어지려는 것을 영원한 것으로, 영원하다고 믿는 것을 한순간 무너뜨리기를 되풀이하는 모래예술가이니까

나는 때로 위대하고 나는 때로 아무것도 아니지
하지만 나는 꼬빠까바나 해변에서 혼자 모래를 쌓고 부수며 언제까지나 심심한 줄 모르고 놀고 있을 모래의 예술가,
가 되어보리
내일은 아니어도 모레 글피
아님 먼먼 훗날에라도

여기는 값비싼 소품 같은 해가 뜨고 지는 문명의 도시
나는 이 파삭파삭한 도시의 틈새를 꽉 죄는 점성의 육체, 그들 가운데 하나

짧고도 길어야 할,

그대와 나의 삶이 영원하지 않다는 것은 얼마나 다행스런 일인가
그대와 내가 늘 처음처럼 사랑하려 애쓰지 않아도 된다는 사실은
사랑한다는 말을 지루하도록 되풀이하지 않아도 된다는 사실은
마침내 낯익어서 낯설어져버린 서로의 얼굴이 마주치는 순간을 맞이하지 않아도 된다는 것은
무엇보다 그대와 내가 거문고의 여러 개 줄 가운데 어긋난 딱 두 개 줄처럼
끝끝내 묵음으로 울려왔음을 들키지 않아도 된다는 것은
흙 속에 바람 속에 뼛가루로 재로 영영 묻혀버리면 그만이라는 것은
이쯤에서 추억이 되었으면 하고 바랄 때
사랑의 박제를 만들어 가질 수 있다는 것은
그대 앞에서 내가, 내 앞에서 그대가 늙어가서는 안되겠기에
사랑과 시는 늙어서는 안되겠기에

사랑과 시를 위해서는 짧았으면 싶지만
생활과 핏줄을 위해서는 질기게도 길어야 할,
당길 수도 늘릴 수도 없는 이
인생이라는 것

도망가는 연인

— 왜 그를 사랑하지?
— 바람처럼 살고 싶어서요*

아름다움은 결핍이지
연초록 대나무숲을 둘러봐
새벽이슬이 채 베갯잇 연정(戀情)을 걷어가지 않은
아름답지만 눈도 없고 귀도 들리지 않아
게다가 우리를 들어올려줄 두 개의 팔 따위란 원시의 몸에서나 돋아난 것일 테니

그 동정 없는 장대나무숲을 우리는 숨이 턱에 차도록 달리고 있지
우리는 서로의 마음을 알아채버린 두 팔과 팔의 질기고 질긴 얽힘이니까
구부러진 골목길로 우리를 연거푸 몰아넣는 생활과 우리의 몸을 늘 거기 문설주로 세워두는 의무에,
서로를 못 알아보게 될 때까지 늙어가고야 말 육체에,
우리는 지금 쫓기고 있는 중이지

대나무숲은 우리를 잠시 그 무관심 속에 풀어놓지만

언제 우리의 길을 가로막는 흉기가 되어 날아올지 몰라
아름다움은 적이 취하면 금방 무기로 변하는 야속함이거든

내가 그를 따라 도망중인 이유는
몸을 넘어뜨리며 바람처럼 내달리려는 그의 의지 때문이지
그가 나를 떨구어내지 않는 이유는
나만이 그 바람을 읽어내는 야생화이기 때문이야

* 장 이머우 감독의 영화 「연인」에서.

목련꽃 지는 까닭

목련은 꽃샘바람 견뎌가며 저 뿌리 끝에서부터 아름다운 노래를 피워올렸다

꽃봉오리가 한껏 벌어지던 어느날 그 아래를 지나던 인간의 남자를 사랑하게 되었다

한떨기 노래를 피우는 악기였을 때 목련은 자신에게 두 다리가 없음을 불행해하지 않았었다

느닷없는 사랑은 기어이 그녀의 몸에서 흡반 같은 두 다리를 돋아나게 했고

인간의 남자를 닮은 두 다리는 목련에게 큰 기쁨이었다

그러나 걸을 때마다 애써 감춰야 하는 고통은 왜인가

두 다리를 얻는 대신 목련은 그의 노래를 잃었다

두 다리만 덩그마니 매달린 벙어리 목련은 더이상 목련이 아니었다

그 손에 꽃잎이 낱낱이 찢겨나가는, 사랑

세상 모든 암꽃들이 그들의 수꽃과 함께 잠든 새벽

자신의 사랑을 찌르지 못한

목련은 거추장스러운 두 다리를 벗어던지고

수만 개 공기방울이 되어 대기중으로 흩어져갔다

꽃샘바람 채 가시기도 전인 4월의 하룻밤 새 자고 일어나 거리에 나서보니

목련꽃잎이 세상을 온통 무너뜨렸다

커다랗고 흰 눈물방울들이 공중에서 흘러내렸다

연꽃 못에 갔었네

연꽃 못에 갔었네
커다란 연꽃잎 진흙탕 가득 피어 있었네
누구의 빈 쟁반 같은 얼굴들일까
어렸을 때 안성 외가에서 먹어본 연밥
두리번거렸지만 연밥 따다줄 노옹은 보이지 않았네
못물에 발이 빨려들어갈까 두려웠네
연밥 따려던 옛 노옹들 몇이 더러는 실족했다지?
바닥 모를, 컴컴하고 아득한 거기서 저토록 천연하게 내민 얼굴들을
무어라 불러야 할까
오기라 해야 할까 대찬 희망일까
비유라 해야 할까 던져진 질문일까
죽음의 진창에서 삶은 한층 요괴롭다는 듯
연꽃, 저 턱없는 긍정의 개화(開花)!

색, 그리고 계*

가령 내 눈에 보이는 담장 너머 저 나무에
안타까운 그대의 얼굴 같은 탐스러운 사과가 주렁주렁 매달렸다고 치자
그때 나는 냉큼 손을 뻗쳐 그 얼굴을 두 손 안에 가득 쥐고 뜨겁게 입술을 부벼야 할 것인가
떨리는 손을 가까스로 움켜쥐고 애써 먼 데 산을 바라보며 열정이 지나가기를 기다려야 할 것인가
그러는 사이 어느덧 그대 얼굴은 낙과처럼 볼품없이 질 테고
그러면 나는 그대로부터 고개를 돌린 이래 내가 누린 오랜 안녕을 다행스러워할 건가
꼬들꼬들 말라서 서러워진 나의 육체와 그대의 육체를 뼈가 으스러지도록 후회할 건가
욕망이란, 눈앞에선 크고 탐스럽지만
지나고 나면 시들고 늙는 육체의 전말과 닮아 있는 것일까
눈먼 욕망은 사리분별을 못하지만
늙고 시든 다음에야 무슨 영화가 있으리

마지막엔 행려병자였던 한 세기 전 신여성에게
찬란했던 젊음의 소모를 바쳐 말년을 구하라 하면
그이는 과연 어떤 선택을 할 것인가
욕망은 짧은 한때이지만
속죄와 참회의 날은 길고
욕망은 빛나는 한때이지만
늙고 시듦엔 해 뜨는 아침과 저무는 저녁이 다 한가지
이니
어느 쪽을 택하랴,
어느 쪽을 택하노라,
말할 수 있을 것인가

* 리 안 감독의 영화 제목.

초경

아무도 밟지 않은 흰 눈밭 같은
너의 첫 피,만큼이나

붉고 뜨거운 나의 눈물 한 방울,

수줍고도 당돌하게 찾아온 너의 첫 여자,

그것이 마구마구 슬프고 무서운

나는 마지막을 남겨놓고 있는 여자,

시작인 너도
끝물인 나도
같은 강물 타고 넘실거리다
어느덧 잔잔히 멎어버리는 거야

시작할 때도 떨리도록 두렵지만
끝날 때도 떨리게 두려운

너의 첫 피,
나의 마지막 피,
이 짧은 행간에 숨어 있는
기다란 말줄임표

엉덩이를 만지다

내 너의 엉덩이를 즐겨 만지작거리는 것은
그곳에 네 순수의 살집이 가장 많기 때문일까

거기를 통해 너의 누추한 배설물이 흘러나오고
너에 관한 온갖 악취와 추문이 담긴,
네가 평생을 애써 가리려고 할,
무릎쓰고 그곳부터 사랑은 시작되는 것일까

한때 내 몸의 더부살이였던 너의 배꼽 근처
지금은 내 팔 언저리를 숨쉬고 있는 네 맨살의 엉덩이를
손아귀에 넣는다

세상에 나와 내가 제대로 빚어낸 것은
나도 아니고 시도 아닌, 네 엉덩이
그것을 뜻하지 않은 선물이라 해야 할까
황금알을 낳지 못한 거위와도 같은 내가
꺼억꺼억 제 속의 비애를 끌어모아
빚어놓은 걸작이라 해야 할까

내 손안에 살아 출렁이는 너의 엉덩이
내 앞에선 감출 수 없는 너의 엉덩이

그렇지만 가질 수는 없는 너의 엉덩이

눈의 시인

빙수기 얼음 넣고 밑에는 예쁜 그릇 얼음이 갈린다 갈린다
얼음에 팥 얹히고 후르츠 칵테일에 체리로 장식해 장식해
주의사항 팥 조릴 때 설탕은 충분히
찰떡 젤리 크림 연유 빠지면 섭섭해
빙수야 팥빙수야 사랑해 사랑해 빙수야 팥빙수야 녹지 마 녹지 마
하하하 이거 힘드네
—윤종신 「팥빙수」

모자를 쓰고 장화를 신고 집 안에 들어선 그는 하얀 눈사람

시인 눈사람씨는 겨울 외투에 함박 묻은 눈을 털어낸다

아, 그를 향해 내린 흰 눈의 세례!

그가 손으로 눈을 털 때마다 털리는 것은 털주머니인가 시(詩)주머니인가

눈길을 걸어오는 동안 그의 몸은 아주 많은 시에 젖었었구나!

오로지 그것만이 온 세상을 덮고 있는 시

눈을 털어내자 점차 제 빛깔을 드러내기 시작하는 시인의 검은 외투

시인은 흰 눈을 세상에 더 잘 보여주기 위해 검은 외투

를 즐겨 입는가

시인은 검은 외투 속에 얼마나 많은 색깔들의 묘비명을 쓰고 있는가

그는 다시 눈의 시인이 될 수 있을까

어, 다 털어내기도 전에 검은 외투 속으로 시가 녹아들려 하네

녹기 전에 어서 커다란 눈사람을 만들어놓아야 할 텐데

시 눈송이야 시 눈송이야 사랑해 사랑해

시 눈송이야 시 눈송이야 녹지 마 녹지 마

눈을 먹어드는 외투 어딘가에서 지금도 그는 사라진 시를 주섬주섬 찾는다지?

희망

이른 아침 불 미처 켜지 않은 어두운 방
반쯤 열린 창문으로 들어온 햇살에
책상 위 놓여 있던 흰 종이 한 장만 환하다
그 종이에 씌어진 검은 글씨들이 눈에 와 박힐 듯하다
—사회는 나를 포기해도 나는 포기하지 않을 것이다
　닿을 듯 닿을 듯 닿지 않는 이것이 무엇인지 분명 아는데
　살고 싶다, 난 산다*
눈이 아프다
눈길이 묶인다
종이 한 장만한
딱 고만큼만 어둠을 훼손하는 햇살,
여우별 같은 희망

* 루게릭병을 앓고 있는 박승일의 글에서 발췌.

우문우답
나의 시

내 손으로 쓴 나의 시가
이 세상에서 단지 나만이 쓸 수 있는 시라는 건
이상하다 그보다도
내 손으로 쓴 나의 시가
어디서인가 읽어본 듯한 다른 누군가의 시일 수도 있다는 건
더 이상하다 그렇다면 진정
나의 시란 어디에 있는 것일까
머리로만도 가슴으로만도 쓰고 싶지 않고
노래인 것만도 울음인 것만도 아니어야 할 나의 시
그걸 찾으러
어제도 오늘도,
가다가 서다가,
가는 둥 마는 둥,
내 다리 한짝, 내 다리 한짝 전설의 고향처럼
나의 시 어딨어, 나의 시 내놔
나의 시, 나의 시 얼빠진 듯 헛소리

멘델스존을 듣다

유복한 환경을 타고나
모자랄 것이 없었다는

그래서 그의 음악엔 치열함이나 광기가 없었다는

사랑하는 누이가 죽은 지 6개월 만에
38세의 나이로 요절했다는

멘델스존의 바이올린 협주곡 1번

내 가슴의 현(絃)을 저미듯 타고 있는 고음(高音)의 바이올린 선율

무언(無言)의 詩

언중유골(言中有骨) 무골(無骨)의 詩

울리자마자 귓가에서 사라지는

音詩

플로런스 젠킨스, 제멋에 겨워 부르는 노래

모든 예술은 다 자백 상태여야 가능한 것 아닌가요?
스스로 매혹당하지 않으면 존재할 수 없죠.
— 김점선

나는 새처럼 노래하고,
노래하고,
노래한다
나는 새가 되려다 만 가수이니까

나는 사람들의 귓가를 향해 우지지고,
우지지고,
우지진다
나는 내 노래가 그들 귀에 들리기를 원하니까

나는 가락에 겨워 지저귀고,
지저귀고,
지저귄다
나는 노래 부를 줄밖에 모르는 가수이니까

나는 노래해야만 하는 나를 노래할 뿐

불안한 음정과 빵긋거리는 입으로 설령 내가 곡조 없는 노래를 부르고 있다 해도
언젠가 내 노래를 귀담아듣는 날이 온다면
그대들은 찾게 되리라

그대들 속에 숨겨져 있는 불안한 음정의 한 마리 새와
그 새의 눈에 어룽 비치는 한 마리 파랑새를

직박구리의 귀

가을 지나도 따지 않은 묵은 감이
눈 내린 한겨울
굶주린 직박구리들의 좋은 먹이가 되듯이,

붉은 감 매달린 검은 가지에 흰 하늘을 배경으로
검은 직박구리들이 날아든 모습이
한 폭의 아름다운 풍경화를 이뤄내듯이,

한시절 흘려보낸, 어느덧 한물간, 가수가 노래한다
이제는 젊지도 않고 더이상 별빛이지만은 않을
자신의 미래가 끝내 자신의 노래이리라는 듯

가수는 늙도록 노래한다
눈앞에서 멀어졌다가도 불쑥 되돌아오고
홀연 잊혀졌다가도 기어이 되살아나고
한동안 들리지 않다가도 노래와 함께 다시 귓전을 울린다
가수는 뒤늦게 노래하고

뒤늦은 노래가 더 빼저린 노래임을
나는 한겨울 배고픈 직박구리의 귀로 듣는다

낡아도 좋은 것이 사랑뿐*이랴

초록은 낡은 서정**이라고 미래파 어느 시인은 말했던가

아마도

초록의 시대는 가고
새로운 트렌드는 빨강,
'친절한 금자씨'의 복수는 나의 것이라고 말하는 붉은 립스틱과
숙부인 정씨가 조원의 면전에서 아연 떨어뜨린 빨강 목도리는 당대를 풍미한 '스캔들' 아니던가
터키의 노벨상 작가 오르한 파묵이 일찍이 호명했듯
그 이름은 빨강, 붉은 서정이다

붉은 피, 낭자한 선혈
핏빛 잔인 흉측 끔찍 공포
괴기영화와 잔혹동화와 엽기사건이 횡행하고
피를 보고 피를 묻혀야 처절한 진실이 되며
초록은 전설이고 초록은 풍문일 뿐이지만,

초록은 추억처럼 낡았지만,

그러나

초록은 낡아서 더욱 빛나고
(르네 마그리뜨의 그림 「자연의 아름다움」은 온통 초록빛이지 않던가!)
빛나는 초록은 그리운 자연의 빛깔이다

청도(淸道)의 무르익은 보리밭을 보라
그 초록의 무성한 힘이
붉은 물감의 삽시로 번짐을 거둬들이는
21세기 판도라의 상자가 될 수 있기를

* 김수영 「나의 가족」에서.

** 장석원 시집 『아나키스트』 중 「근원적 센티멘탈」에서.

늙는 얼굴

신문에 실린 저 사람의 얼굴
궁지에 몰린 저 사람의 얼굴
어떤 대답이든 나오기를 재촉당하고 있는 저 얼굴
늙어가는 한 중년 남성의 얼굴
어제까지만 해도 아무 일 없었던
평온한 인젤리겐찌야의 얼굴
애써 태연을 가장하지만
어딘가 한구석 허물어지고 있는 얼굴
이마부터인지, 눈인지, 코인지, 입술인지
짓궂은 누군가 힘주어 실밥을 잡아당기고 있는 듯한
늙는 얼굴 늙어가는 사람의 저 얼굴은
어디서 많이 본 듯한 얼굴,
우는 사람의 얼굴, 차라리 울어나 버리고 싶은 얼굴
막 울음보가 터지려 울끈불끈 실룩거리는 사람의 얼굴을 닮아간다

판의 미로*

나는 이제 단지 오필리아가 되고 싶은 것만이 아니다
나는 더이상 작은 소녀를 꿈꾸지 않는다
나는 오필리아를 죽이는 세상과 그 세상도 죽이지 못하는 오필리아의 동화, 둘 모두에 관해 얘기하고 싶다

소녀에게 동화가 필요하듯
어른들에겐 시가 필요하다

형호**는 돌아가지 못한 지하왕국의 왕자였단다
재민**의 아버지인 지하왕국의 왕은 아들을 애타게 기다리고 있었다

소녀는 왕국으로 들어가는 문을 열기 위한 세 개의 열쇠를 얻어야 한다
그러기 위해서는
두려운 대상을 이겨내야 하고
탐나는 음식에 손대지 말아야 하고
가장 소중한 것을 희생할 줄도 아는 용기가 있어야 한다

그런 과정들을 거치지 않고서는 지하왕국으로 가는 길은 미로일 뿐
그러나 그 미로를 계속 떠돌아야 할지라도
소녀는 그곳을 떠날 수 없다
소녀는 지하왕국의 공주이며 그곳이 소녀의 근원이기에

우리 모두는 한때 지하왕국의 공주였던
실향민들이다
소녀의 죽은 육신을 되살려내는 지하왕국 판의 동화처럼

형호와 재민에겐 동화가 있어야만 하고
그 동화를 깨는 악당이 되지 않기 위해
어른들에겐 시가 있어야만 한다
자기만의 시!
미로를 견디는 힘!
(시란 종이 위에다 세계를 되비추거나 고쳐쓰는 거위깃털 펜의 조용하면서 힘찬 몸놀림이어야 하고
그것이 시가 이 불만족한 세계의 엉성한 솔기 틈으로 날

려보내는 경쾌한 종이비행기이리라)

성냥불을 켤 동안의 판타지가 성냥팔이 소녀를 지탱케 하는 힘이었던 것처럼

* 멕시코 기예르모 델 또로 감독의 영화 제목.

** 유괴범에 의해 희생된 어린이들의 이름.

제3부

드문 악기

글라스 하프 또는 글라스 하모니카
이른바 뮤지컬 글라스는 1929년 브루노 호프만이 고안한 악기로
와인글라스와 비슷한 모양의 유리잔 가장자리를
물에 적신 손가락으로 문질러 연주한다고 한다
글라스 하모니카는 한 세기 가까이 전 유럽을 휩쓴 인기 악기였고
도니제띠나 슈트라우스의 오페라에 쓰이기도 했으며
'글라스 하모니카와 관현악을 위한 대 쏠로' '글라스 하모니카를 위한 환상곡 E단조' 등의 제목이 붙은 연주곡들이 있었다
하지만 정식 악기로 인정받은 것은 아님을 언급하면서
정식으로 인정받는다는 게 얼마나 어려운 일인가고
이 일화를 소개하는 음악 프로 진행자는 덧붙인다

대부분의 사람들이 글라스를 악기로 생각하지 않는 것은 사실이고
어엿한 음색을 가지고도 악기 반열에 오르지 못한다는 것은 애석한 일이지만

글라스가 정식 악기가 될 수 없는 것은
아름다운 소리를 내는 일 외에 유리잔으로서의 다른 효용이 있기 때문일 것이고
피아노니 첼로니 비올라니 하는 정식 악기는
악기로서 외엔 다른 쓰임새가 없기에 오로지 제 본분을 다하며
악기로서의 명망을 누리는 것일 게다
그러니 글라스가 정식 악기가 될 수 없는 것을
슬퍼할 일만은 아니리라
글라스에는 그가 세상에 이바지할 수 있는 일이 하나 더 주어진 것일 뿐이니까
글라스는 세상의 향취를 음미하려는 누군가의 손과 입술 사이를 이어주는 유리잔이었다가
룰루랄라 악기가 되는 순간엔 온몸을 바쳐
타고난 저만의 소리를 내는 데 열중하면 되리라
세상엔 글라스 하프라는 드문 악기를 발견해내고
그 소리를 혼자만의 내밀한 음악으로 삼으려는
음지의 나지막한 콧노래꾼들이 있는 것이다

불쌍하고, 불쌍하다

평생을 나는 불쌍한 사람들하고만 살아왔다

위암에 걸려 꼬챙이처럼 마른 할아버지가 불쌍했고
구부러진 허리로 날마다 손주들 시중 들기에 바빴던 꼬부랑 할머니가 불쌍했고

간밤 외박한 딸의 회사를 찾아와 꾸중 한번 못한 채 돈 몇푼 꿔가던 아버지가 불쌍했고
종종 아버지보다 힘센 오른팔 노릇을 해야 했던 엄마가 불쌍했고

순두부찌개에 눈물을 섞어 삼키던 한 남자가 불쌍했고

이젠 이 덜덜거리고 삐걱거리는 지구, 현재를 살아야 하는 나의 욕망과 너희들의 미래를 위해 유보해야 하는 나의 욕망이 부딪치는, 이 지구에
나보다 오래오래 대롱대롱 매달려야 할 어린 너희들이 불쌍하다

그리고 손가락을 쥐락펴락하는 모래알갱이 같은 돈과
종잇장같이 구겨지는 자존심과
반짝했다 꺼지는 공명심과
자기식 헤게모니를 위해 동가식서가숙하는 무리, 우리들이 불쌍하고

새순 같은 영혼을 홀라당 털리고 스스로 악마의 하수인이 된 Seung*, 송**, 그네가 소름 끼치게 불쌍하다

어디까지 이어질까
이 불쌍함의 계보는

* 버지니아공대 총기 사건의 조승희.

** 제주 양지승 어린이 살해범 송모씨.

라라 파비안의 아다지오

알비노니의 아다지오를 들을 땐 알지 못했었지
아다지오가 이토록 슬프고 격정적일 수 있다는 것을

가장 느린 것은 가장 뼛속 깊이 맺힌 것과 통하는 것일까
검은 모자에 검은 군화를 신은
철거 용역원들이 활약하는 장면이 비바체라면
붕어빵 노점상이 집을 나와 공원 나무에
목을 매기까지의 장면은 가장 느리면서도 격정적인 아다지오일까

빌리 할러데이는 노래했었다, 남부의 나무에는 이상한 열매가 열린다고
잎사귀와 뿌리에는 피가 흥건하고
따뜻한 산들바람에 몸뚱이들이 매달린 채 흔들린다고
나는 웅얼거린다, 내가 사는 나라의 나무에는 숨쉬기를 멈추고
공중에 매달린 채 다른 세계의 향취를 맡아보려는
다리가 길게 늘어진 과일들이 열린다고

얼마 전 집 안에 들어온 커다란 거미 한 마리를 해치웠지
거미가 나에게 어떤 해를 끼치거나
위협적인 행동을 했던 건 아니지만
단지 내 눈에 보기 흉하고 신경에 거슬린다는 이유 하나로
나는 비바체의 흥분된 동작으로 살충제를 뿌려댔지
벽에서 떨어져내린 거미가 방바닥에서 이윽고
그 힘겨운 움틀거림을 멈추기까지는
느리지만 숨막히는 아다지오,

노점상 이씨 역시
누구를 해치려던 건
누군가에게 해 끼치는 일을 하려던 건 결코 아니었는데
그저 할 수 있는 만큼만
살아보려던 것뿐이었는데
아, 언제나 너무 빠른 비바체들!
라라 파비안의 아다지오는
느리게, 점점 슬프게, 마침내 분노처럼 타오르게

오, 깜 보디아!

딸아, 말 좀 해보아라

보꼬르 산*에 내리는 비야, 너희들끼리만 무성한 밀림아

하늘에서 떨어졌으니
우리 아들은 얼마나 아팠을까 오, 깜 보디아!

인명은 재천이라니요 믿을 수 없어요
명대로라도 살 수 있었던 때는 차라리 행복한 시절이었지요
지금은 장난감 망가지듯 종잇장 구겨지듯
누가 리모컨을 잘못 눌렀나 누가 부품을 잘못 건드렸나 오, 깜 보디아!

눈앞을 가로막는 폭우와 농무를 맞닥뜨리는 날이 분명 있듯이 오, 깜 보디아!

우리의 애지중지 삶 속에는 걸러낼 수 없는 불순물처럼

죽음도 섞여 있어
  머리가 하늘을 향하면 다리는 땅을 디디고
  한쪽 다리가 생명의 대지를 쩌렁쩌렁 울리면 나머지 한
쪽 다리는
  하계로 가는 배에 실려 넌출거리고 있는 것이라는 사실을
  좀 잊고 살면 안된다는 건가요 오, 깜깜 보디아!

  사는 게 무슨 써바이벌 게임인가봐요 오, 캄캄캄 보디
아!

* 한국 관광객을 태운 비행기가 추락한 깜보디아의 산.

너의 돌팔매

발 담그고 앉았던 아이가 이번에는 잔돌을 주워
물속으로 던지는 놀이를 시작한다
물 가운데 있던 아빠의 옷을 적시거나 다리를 맞히면 아웃이고,
팔을 오므려 살살 던지면 돌은 멀리 나가지 못한 채 피식 물속으로 잦아들며,
아빠가 없는 반대방향으로 몸을 돌려 한껏 돌을 던지면
돌은 근사한 포물선을 그리며 날아가지만
봐주는 이가 없는 쪽은 왠지 흥이 나지 않는 모양이다
아이야,
네가 집어든 돌을 물가로 던지는 일은
네 뜻과 다르게 위험선이 될 수도 있고
허사에 그칠지도 모르며
종종 네가 원하지 않는 쪽으로 가야 하거나
아무도 봐주지 않는 외로운 일이 될 수도 있다
네 돌은
남을 치는 돌이 될 수도 있고
네 주위에서만 맴도는 자디잔 돌일 수 있으며

때로 멀리 던져보는 너만의 커단 꿈일 수도 있다
그러니 아이야,
부지런히 돌팔매를 해보아라
네 돌팔매는 어디까지이며
어떻게 가려느냐
근사한 돌팔매를 해보이지 않으려느냐

물고기를 기억하라

밥상머리에 앉아서 젓가락으로 생선살을 헤집으며
생선에 가시가 많다고 투덜거리는 당신,
그러면서 생선 부드러운 흰 속살을 입안에 넣고 연신 쩝쩝거리는 당신,
생선이 처음부터 어물전의 생선은 아니었음을
한때는 물속을 유유히 헤엄치던 찬란한 생명의 물고기였음을
너무 쉽게 잊은 것은 아닌지
지금 별것도 아니면서 당신의 젓가락을 분주하게 하며
틈새의 살을 발라내느라 당신의 애간장을 태우는 생선의 가시는
물에서 태어나 물을 노래하고 물을 숨쉬며 물의 행복과 노여움을 알다
끝내는 그 물에서 잡혀온 물고기의 여문 뼈,
물고기가 안쓰러이 지켜온 생명의 흔적인 것을
생선 가시가 당신의 입천장을 찌를 때
한때는 물의 총아로
앙다물고 지켜내야 할 살의 수문장이었던

물고기를 기억하라

잠자는 숲속의 미녀

옛날 숲속에 자칭 잠자는 미녀가 살고 있었다
그녀는 어느날 백마 탄 왕자가 나타나 그녀를 깨울 때까지는
계속 잠만 자야 하는 것인 줄 굳게 믿고 있었다

잠을 깨운다
벌거벗긴 채 닫힌 문 밖에 껍질 벗긴 자두모냥 서 있는 다섯살짜리 아이의 흐느낌이,
한 달째 놓쳐버린 줄풍선인 여자아이들이,
하루도 쉬지 않고 늘 담장에 핀 소담한 꽃이었던 양순한
포장마차 내외가 단속에 밀려 겨우내 차디찬 가지와 줄기로 얼어붙어 있는 것이,
등 따스운 잠을 깨운다

하지만 잠자는 숲속의 미녀는 깨어나지 않는다
그녀의 잠을 깨우기에는 무언가 2% 모자란가보다
그녀는 아직 먼 나라의 꿈을 꾸는가보다 그 꿈은 좀처럼
깨어나기 싫은 꿈인가보다

걸어잠근, 작지만 아늑하고 깊은 방인가보다

'영등포 슈바이처'라 불린 한 의사의 쓸쓸한 죽음이,
석면공장 근로자들의 20여년 잠복기 석면폐증이,
딸 옆에서 유서를 쓴 한 대학강사의 돌연한 죽음이,
포근한 잠을 깨운다

이제 잠자는 미녀의 숲은 철거되어야 함을
더이상 그녀를 재워줄 숲은 없음을
잠을 자다가 그대로 숲그늘의 고락과 함께 묻혀버릴 수 있음을
눈치채지 못하고 있는
잠자는 숲속의 미녀를, 그녀가 너무 오래 누리고 있는 평화를, 혹독함의 왕자여, 처참히 흔들어 깨워다오!

더이상 로망은 없다

씰비어 플라스만이 불멸의 시인이 되기를 꿈꿨겠는가
대륙의 끝자락에 반신을 의탁하고 있는
조그만 나라 대한민국의 조그만 동네 조그만 집에 온몸을 의탁하고 사는 소시민인 나도
소싯적에는 세상을 깜짝 놀라게 할 불후의 시인이기를 꿈꿨음에랴

그러나 삶에 더이상 불멸의 두 글자를 새겨넣을 만한 로망은 사라진 지 오래구나
불멸이 아니라 멸렬함으로 줄기차게 이어지는 생활이 있을 뿐
시곗바늘처럼 똑딱, 맞춰야 하는 일용할 업무와
귀를 쫑긋, 세워둬야 하는 뉴스와 정보와 소문과 뒷얘기와
머리를 굴려 재깍, 움직여야 하는 주식과 펀드와 재테크와 부동산 투자와
발을 삐끗, 디디면 낙오되는 살얼음판의 입시교육과
물질만능주의의 팽팽한 써바이벌 게임장이 있을 뿐이로

구나

불멸을 꿈꾸었던 시인은 이미 세상을 등지고
지리멸렬을 살아내는 몸의 안녕이 일말의 마음속 불멸마저 사그라뜨리는,
더이상 정신의 존엄과 영혼의 위대함이란 로망이 없는 세계에서
곧 끊어질 것만 같은 시의 동아줄에 간당간당 매달려
그래도 한때는 불멸을 꿈꿨노라고
그래도 아직은 그것이 이 땅에 태어나 살아숨쉬는 내 생명의 자존, 불굴의 내 로망이라고

소리는 소리로써 이겨야 하는가

어린시절 나는 엄마와 아버지가 부부싸움할 때 내는 큰 소리가 듣기 싫었고
우리집 거실 쏘파를 하루종일 차지하고 앉아 으름장을 놓던
빚쟁이 아저씨 아줌마들과 엄마 아버지가 실랑이를 벌이던 소리가 듣기 싫었고
그보다 좀 커서는 밤늦도록 술을 마시고 집에 들어오거나 변변찮은 연애를 했을 때
엄마 아버지에게 소리 높여 항변해야 했던 내 목소리가 듣기 싫었고
나 말고도 세 명이나 되는 형제들과 먹거리 입을거리로 아귀다툼을 해야 하는 것이 싫었다
이 모든 소란스러움이 싫어서 어느날인가 나는 볼륨을 한껏 낮춰 침묵을 사랑함으로써
세상의 평화에 기여하기로 마음먹었다
나는 그것이 세상을 위해 할 수 있는 최대한의 봉사라 여겼고
나 한 사람만이라도 입을 다물면 세상이 한결 조용해지

리라 믿었다

그러나 오랜 시간이 흐른 지금 나는 후회한다
내 입이 닫힌 뒤로 내 귀가 더 크게 열린 까닭이다
어떤 순간에는 내 귀가, 아니 내 몸 전체가
세상의 모든 소리를 빨아들이고 그 소리 하나하나에 몸 속 핏줄이
둥기둥기 튕겨지는 고달픈 악기인 것만 같다
빈 곳을 공략하는 적의 전술처럼
세상의 모든 소리와 아우성과 절규와 외침들이
내 귓가에 이르러 한바탕 진을 친다
침묵으로써 소리를 제압할 수 있다고 믿었던 것은 나의 오산이었다
소리가 내게로 와 소리가 되지 않게 하기 위해서는
내가 더 큰 소리가 되어야 한다 크게 점점 크게
내 소리에 다른 소리가 묻혀 들리지 않을 때까지
발붙일 데 없어 기웃거리며 맴돌던 소리가 내 귓가에 와 함부로 짐을 풀지 않도록

그래서 그네들은 저렇듯 일찌감치 목소리를 높이고 고함을 쳤던 것인가

좀더 큰 소리를 만들어내는 일만이 이기는 길임을 그네들은 진작 알고 있었단 말인가

절반의 나무

한손에는 자본의 씨앗인 돈을 들고
다른 한손에는 영혼의 씨앗인 시를 들고
한쪽 다리로는 이 땅의 양식과 생존논리와 욕망을 허겁지겁 쫓아가고
다른 한쪽 다리로는 뱃사공 카론이 그의 배를 유유히 노저어가듯 이 땅의 분진을 밀어내며
하루의 낮과 밤이 그렇듯 다른
이 한몸의 낮과 밤
비좁고 누추한 방에서 넓은 세계를 향한 애증의 힘으로
더 좁고 깊은 자폐의 동굴을 파들어가다 발견한 시
그 거꾸로 세상을
이 바로 세상에서 병든 씨앗이 되지 않게 하는 일,
양옆으로 고르게 가지를 벋어올린 한 그루 근사한 소나무가 되게 하는 일,
그것이 쉽지 않아
늘 기우뚱 비스듬 쓰러질 듯
절반의 뿌리가 다른
이 불화의 나무

더부살이

꿈에서 나는 학대받는 며느리였다
딸아이가 선물로 받은 새 책상과 의자도
딸아이 것이 될 수 없었다
그래도 나는 딸의 안위를 위하여 그 집에서 악착스레 버티고 있는 며느리였다
야멸찬 시누이가 돼 있는 동생 앞에서 나는
너라면 이 집에서 단 십 초라도 살 수 있겠느냐며 울었다
꿈을 깨고 나서도 나는 여전히 꿈속 며느리였다
흘러나오는 콧물을 손으로 닦아 옷자락에 문지르며 서럽게 울고 있었다

담장 밖으로 늘어진 나팔꽃 넝쿨은
담장 안에 있는 나팔꽃 넝쿨과
뿌리는 같아도 다른 세상을 보더라

내 몸인 내 딸, 내 딸인 내 몸과
떨어지지 않고 함께 살기 위하여
몸은 담장 안이나

담장 밖으로 추스를 수 없는 마음의 덩굴손은

펜은 삽보다 가볍다

원주-제천-단양-풍기 들판에서 농부가 봄 밭갈이를 한다
이쪽 끝에서 저쪽 끝까지 삽을 들고 혹은 기계를 끌며 묵은 흙을 갈아엎어 가지런히 밭을 다진 뒤
이윽고 밭머리에 허리를 펴고 서서 모자를 고쳐쓰고 담배 한 대를 문다
오늘 그 농부가 힘들여 밭갈이를 했다는 뉴스는 신문에 나지 않았다
오늘 그 농부가 밭갈이한 땅에서 감자 대박이 났다는 소식은 들리지 않았다
오늘 그 밭을 간 농부의 지난 생애와 그가 받을 앞으로의 보상에 대해서는 아무도 알지 못한다
그렇지만 세상이 그의 노고를 알아주지 않는다고 해서
농부가 한평생 발로 밟으며 다져온 그의 밭과 땅을 패대기칠 수 있을 것인가
밭은 그대로 농부의 몸이고 땀과 피라 늘 그것과 함께 거기 있는 것이다 지구가 계속 둥근 한
다섯 손가락에 쥔 펜만으로 쓰는 시가 이보다 더 수고롭

고 이보다 더 정직할 수야 있으랴

평생 시 지키는 일이 평생 밭 지키는 일보다 곤고롭고 힘듦엔 이런 까닭이 있으리라

몽고메리 클리프트는 없다

내가 결혼하던 날은 아버지로부터 해방되던 날이었다
그 결혼을 위해 나는 아버지를 헌신짝처럼 버리고
아버지와는 전혀 다를 것 같은 새로운 남자를 선택했다

그로부터 십여년,

아이들이 커가면서 집안의 평화는 깨어졌다
아이들을 자기의 분신으로 키우려는 것은 여자가 아니라 남자의 야심이다
여자에게 아이들은 태어나는 순간 이미 분신이니까

가정이라는 꽉 짜인 서랍장,

나에겐 아버지의 망령이 되살아났고
아이들에겐 아버지라는 존재의 참을 수 없는 삐걱거림이 시작되었다
하늘 아래 새로운 남자는, 새로운 아버지는 없다!

남자라는 찰나의 꽃, 아빠라는 먼 바람결

몽고메리 클리프트가 한때 내 청춘의 우상이었던 건 내 생의 어두운 전조다
그 고독하고 우수에 찬 이미지는 그대로 아버지의 편린 아니었던가
내가 엘리자베스 테일러가 아니듯 그러나 아버지는 결코 몽고메리 클리프트가 아니었다

아, 이 몹쓸 이상과 몹쓸 취향이라니!

내가 두번째로 만난 몽고메리 클리프트 속에도 몽고메리 클리프트는 없다
왜냐하면 몽고메리 클리프트는 영화 밖에서는 몽고메리 클리프트로 살아갈 수 없는 존재이니까
영화 밖에서 그는 평생을 독신으로 살았으며 까만 밤을 하얗게 지새운 어느 새벽 벌거벗은 채로 거리를 내달리기도 했었다

벚꽃잎처럼

봄 벚꽃 아래서
비슷한 머리 모양에 비슷한 옷가지를 걸치고 오종종한 가방을 든 노인네들이
관광버스라도 기다리는지 옹송옹송 모여 서 있다

서로의 얼굴을 마주보며 가끔씩 다른 이의 어깨를 토닥여주고 구겨진 옷깃을 등뒤에서 펴주기도 하며
몇십년 젊었던 시절의 넘치던 욕심과 미움과 노여움이
이제는 다같이 늙어버린 육신 끼리끼리의 어울림 속에서
벚꽃잎처럼 가볍게 흩날려 가는가보다

보름 가까이 죽은 듯 누워 사경을 헤맨 시아버님,
깨어난 뒤 얼굴 보고
그냥 우신다
마음 굳게 먹으세요, 한마디가
무슨 소용이 되랴
그냥 놀란 거다
그냥 서러운 거다

그냥 겁나는 거다

노인네들은 몇자 갖춘 말보다 제대로 표현할 줄 안다
한소절 울음 앞에
벚꽃잎처럼 후르르
말이 무너진다

진양화원 옆에 사라패션

공덕동 오거리를 지나노라면
진양화원 옆에 사라패션
아, 저기 화원이 있었구나, 솔깃
하는 순간 옆에 있는 사라패션
언젠가 소중한 마음을 담아 꽃을
주문하고 배달시켜야 할 일이 생기면
지나다니는 길목에 있는 진양화원을 찾아볼까
흘깃 보는 사이 나란히 있는
왠지 옷이 잘 안 팔릴 것만 같은,
한번쯤 홀린 듯 들어가 입고 싶은 옷은
없을 것만 같은 사라패션
하지만 쇼윈도우를 버젓이 달아놓은
진양화원 옆에 사라패션
젊은 날 맨드라미 붉은 꽃 같던 엄마가 동생 손을 붙잡고 단골 삼아 다니던,
골목 입구에 신신여관이 있던 그 동네를 떠나온 뒤로는 발길이
끊어진 지 오래인 어릴 적 추억 속의 이름,

이진의상실을 떠올리게 하는 사라패션
이진의상실을 내가 따라가보지 않았듯이
한번도 가본 적이 없고 가볼 리도 없겠지만
거기 있어왔고 앞으로도 있을
유명 브랜드 패션 20% 쎄일 건재한
진양화원 옆에 사라패션
네가 나를 이제야 알아봤고
너는 나를 몰랐다 하더라도
자고 일어나면 시작되는 나날의 사건과 기억을 만들며
나는 여기 이 자리를 견뎠어라고 말하는
진양화원 옆에 사라패션
내가 너의 한낮과 긴 밤을 모르듯이
때로는 기뻐 웃었고 때로는 슬퍼 울었고 때로는 분노에 몸을 떨었으며 때로는 이 악물고 수모를 참아냈던
내 세월의 나들목을 못 와봤을 뿐이야라고 말하는
진양화원 옆에 사라패션

희망을 쓸 수 없는 시

얼마 전 어떤 일거리를 맡을 뻔한 적이 있었다
아기와 엄마들을 위해 밝고 희망적인 시를 소개하고
그 시 아래 역시 밝고 희망적인 아기와 엄마의 미래를 그려주는 일이었다
전전긍긍 끝에 나는 결국 그 일을 하지 않기로 결정했다
아니, 할 수 없었다
그 무렵 내 머릿속을 열면 펼쳐지는 광경들은
예술 혜진 안양 아이들의 빈 책상과 운구 행렬,
미국 가정에 입양됐다 그 집이 바로 천국이자 무덤이 된
한국 아이들의 가련한 얼굴들뿐이었기 때문이다

희망이란 무엇인가

"당신이 바라는 대로 살아주지 못해서 미안해. 당신과 다시 한번 행복하게 살 수만 있다면 더 바랄 게 없겠어."
죽기 직전 아내와 마지막으로 통화한 중국인 사내의
갈라진 목소리, 갈라진 그 순간에도
신생의 울음소리가 들려오는 쓰촨성의 희망은 어떠한가

화가 박영율이 보았으면

예술이, 시가, 기쁨과 용기를 주지는 못할망정 이 지경에 이를 수 있는가

또 한번 구토를 느꼈을, 오호(嗚呼)

내 시는 희망의 각운을 달 수 없는 시, 나는

희망의 엽록소, 그 푸른 혈액이 몸속에서 부대끼기만 하는 음지식물일 뿐이러니 오호라!

희망이라는 낱말을 꺼내 쓸 빛의 사전은 어디 있는가

촛불과 방패

뿌리는 다르지만 서로 줄기가 얼크러진 느티나무를 보고도
저건 화합이 아니라 대결이라고 말하는 너의 세계관
만개한 각양각색의 봄꽃을 보고도
저건 조화가 아니라 누가 더 아름다운가 다투는 거라고 말하는 너의 세계관
앞서거니 뒤서거니 하늘을 나는 새를 보고도
저건 동행이 아니라 경주라고 말하는 너의 세계관
나무에 홀로 앉은 새를 보고도
저건 휴식이 아니라 도사리는 거라고 말하는 너의 세계관
사람들의 웃는 얼굴과 함성, 즐거운 노랫가락을 듣고도
저건 가면이고 배후라고, 선동가라고 말하는 너의 세계관
그러한 너의 세계관 앞에서
고요히 타오르는 촛불이다가
뜨겁게 타오르는 촛불이다가
열망과 염원으로 타오르는 촛불이다가 어느덧
너의 방패를 태워버리고 싶은 나의 세계관
너의 방패를 녹여버리는 촛불이고 싶은 나의 세계관

그리하여 너의 세계관과 닮아 있는 나의 세계관
그러나 끝내 너의 세계관을 넘어서고 싶은 나의 세계관

21세기 시론

내 시가 아름답지 못해서
새끼 고양이가 거리 한복판에 버려졌다
내 시가 힘주어 말하지 못해서
한 소녀가 거리에서 싸늘하게 발견되었다
내 시가 멀리까지 닿지 못해서
소중한 마음의 결들이 상했다
내 시가 커다란 울림을 갖지 못해서
불쌍한 한 사람이 다른 불쌍한 한 사람을 해쳤다
세상이 움트는 새싹을 밟으려는 마음과 스스로의 새순을 자르고 싶은 마음과 씨앗이 말라버린 마음들로 붐빈다
휑휑한 마음의 주검들로 그득하다
이 세상에서 흉흉한 마음의 얼룩들이 가시지 않는 한
내 시는 계속 씌어지리라, 오래, 씌어져서
삶의 거친 나뭇결을 문지르는 사포가 되고
그 사포의 리듬을 따라 읊조리는
나직하지만 끊이지 않는 허밍이 되리라

| 발문 |

청춘은 빨리 지나간다

장석주

1. 쇠로 된 방 속에서

쇠로 된 방 속에 깊이 잠든 사람들을 깨우려는 외침이 있다.* 우리는 쇠의 방 속에서 나날이 단련된다고 생각하지만 실은 서서히 죽어가고 있다. 그 방 속에서는 모든 삶이 징역에 지나지 않는다. 거기서 자라는 나무들의 잎사귀

* 중국 현대소설의 아버지라고 불리는 루 쉰(魯迅)은 한 소설집 서문에서 이렇게 쓴다. "가령 말일세, 쇠로 된 방이 있다고 하세. 창문은 하나도 없고 절대로 부술 수도 없는 거야. 안에는 깊이 잠들어 있는 사람이 많이 있어. 오래잖아 숨이 막혀 죽고 말 거야. 혼수상태에서 그대로 죽음으로 옮겨가는 것이니까, 빈사의 괴로움 따위는 느끼지 않을 거야. 지금 자네가 큰 소리를 질러 다소 의식이 또렷한 몇사람을 깨운다면 이 불행한 몇사람에게 결국 살아날 가망도 없이 임종의 괴로움만 주게 되는데, 그래도 자네는 그들에게 미안하다고 생각하지 않는가? 그러나 이미 눈뜬 사람이 몇이라도 있다면 그 쇠로 된 방을 때려부술 희망이 전혀 없는 것은 아닐세."

와 뿌리에는 피가 홍건하다. 우리는 그 나무에 매달린 채 길게 다리를 늘어뜨린 열매들이다. "내가 사는 나라의 나무에는 숨쉬기를 멈추고/공중에 매달린 채 다른 세계의 향취를 맡아보려는/다리가 길게 늘어진 과일들이 열린다고"(「라라 파비안의 아다지오」). 쇠의 방 속에서 저 너머에 있는 다른 세계의 향취를 맡아보려고 매달려 있는 열매들! 이 빈사상태에 놓인 사람을 깨우는 일은 어쩌면 '살아날 가망'도 없이 '임종의 괴로움'만 더하는 일이 될 수도 있다. 그러나 그 방을 깨서 부술 수 없다고 손을 놓고 있는 일은 죄악이다. 죽음의 잠에 취해 있는 사람을 깨워야 한다. 잠을 깨우려는 그 외침은 계속되어야만 한다. 시인들은 쇠의 방 속에서 빈사상태에 빠진 사람들을 깨우려고 외치는 사람들이다. 거리에 버려진 새끼 고양이, 거리에서 싸늘한 주검으로 발견된 소녀가 있다면, 사람들이 퀭해져서 마음의 주검들로 음울하게 거리를 떠돌고 있다면 외침의 소명을 받은 시인들은 면책될 수 없다. 아이들은 유괴범에게 끌려가거나 목 졸려 죽고, 크고 작은 참사는 끊이질 않고, 온갖 형태의 불행과 비명횡사가 일상범백사의 내역이 되고 있는 세상엔 시가 필요하고, 시인들에겐 시를 써야 할 분명한 이유가 있다. 우리에겐 꿋꿋하게 "미로를 견디는 힘!"(「판의 미로」)이 필요한 것이다.

내 시가 아름답지 못해서
새끼 고양이가 거리 한복판에 버려졌다
내 시가 힘주어 말하지 못해서
한 소녀가 거리에서 싸늘하게 발견되었다
내 시가 멀리까지 닿지 못해서
소중한 마음의 결들이 상했다
내 시가 커다란 울림을 갖지 못해서
불쌍한 한 사람이 다른 불쌍한 한 사람을 해쳤다
세상이 움트는 새싹을 밟으려는 마음과 스스로의 새순을 자르고 싶은 마음과 씨앗이 말라버린 마음들로 붐빈다
휑휑한 마음의 주검들로 그득하다
이 세상에서 흉흉한 마음의 얼룩들이 가시지 않는 한
내 시는 계속 씌어지리라, 오래, 씌어져서
삶의 거친 나뭇결을 문지르는 사포가 되고
그 사포의 리듬을 따라 읊조리는
나직하지만 끊이지 않는 허밍이 되리라

—「21세기 시론」 전문

세상을 두루 살펴보니 아직 "어른들에겐 시가 있어야만 한다." 시는 "이 불만족한 세계의 엉성한 솔기 틈으로 날려보내는 경쾌한 종이비행기"이니까(「판의 미로」). 그래서

시인은 "내 시는 계속 씌어지리라"고 스스로에게 다짐하는 것이다.

루 쉰의 잡문 중에 물에 빠진 개에 관한 얘기가 있다. 루 쉰이 린 위탕(林語堂)의 글에 반론으로 쓴 잡문인데, 물에 빠진 개는 세 경우로 나뉜다. 첫째, 개가 스스로 실족하여 물에 빠진 경우, 둘째, 다른 사람이 빠뜨린 경우, 셋째, 내가 직접 빠뜨린 경우다. 루 쉰은 앞의 두 경우에 부화뇌동하여 개를 때린다면 비겁한 일이지만, 힘껏 싸우다가 내 손으로 개를 물에 빠뜨렸다면 그 개를 죽간으로 마구 때린다 해도 심하지 않다고 말한다. 물에 빠진 개를 때리지 않는다면 물에서 나온 개는 도리어 사람을 물 것이기 때문이다. 루 쉰이 중국에서 이 글을 쓴 것은 1925년 12월 29일이다. 그로부터 거의 한 세기가 흐른 2009년 한국에도 여기저기 물에 빠진 개들이 발호한다는 소문이 파다하다. 개는 우리 안에 웅크린 인면수심(人面獸心)이다. 혹은 개는 돈이고, 자존심이고, 공명심이고, 헤게모니다. "그리고 손가락을 쥐락펴락하는 모래알갱이 같은 돈과/종잇장같이 구겨지는 자존심과/반짝했다 꺼지는 공명심과/자기식 헤게모니를 위해 동가식서가숙하는 무리, 우리들이 불쌍하고"(「불쌍하고, 불쌍하다」). 우리는 그 개와 힘껏 싸웠는가, 혹은 싸우다가 그 개를 우리의 힘으로 물에 밀어넣었는가? 그러면 물에 빠진 그 개를 때리는 일은 비겁한 행동이 아니다. 물에 빠진 개는 우리 안에 숨어 있다. 잠자는 숲속의 미녀가 의로운 사람의 죽음과 석면폐증에 걸린 근로자들과 돌연한 죽음들을 나 몰라라 할 때, 잠자는 숲속의 미녀는 곧 물에 빠진 개다. 이 미녀가 미망에서 깨어날 때까지 그 물에 빠진 개를 때려야 한다. "이제 잠자는 미녀의 숲은 철거되어야 함을/더이상 그녀를 재워줄 숲은 없음을/잠을 자다가 그대로 숲그늘의 고락과 함께 묻혀버릴 수 있음을/눈치채지 못하고 있는/잠자는 숲속의 미녀를, 그녀가 너무 오래 누리고 있는 평화를, 혹독함의 왕자여, 처참히 흔들어 깨워다오!"(「잠자는 숲속의 미녀」)

2. 해변의 모래예술가

스물두 해 전쯤 이선영을 처음 보았을 때 그는 아직 푸르디푸른 청춘이었다. 출판사를 꾸리고 있던 나는 어느날 낯선 이에게 편지를 한통 받았다. 대학을 막 졸업하고 일자리를 구한다는 내용이었다. 며칠 뒤 누항(陋巷)의 속진이 한점도 묻어 있지 않은 듯 맑은 한 여성이 나타났다. 말소리는 작고 고분고분하고, 여리고 연약해 보이고, 예민하고 겸손했으며, 눈빛은 맑았다. 아무런 멋도 내지 않은, 어디에 있어도 눈에 띄지 않을 수수한 평범함 그 자체였던 그

여성의 평범은 차라리 드러난 비범이었다. 나는 흠, 인생에 별다른 파란이나 굴곡없는 모범생 시절을 거쳐왔군, 하고 예단했다. "1970년대 나는 모범생이어야 한다는 강박관념을 가진,/평범하고 싶지 않았으나 평범한 소녀였다"(「말죽거리 잔혹사」)는 고백처럼 그는 평지풍파가 없이 살아온 사람이다. 삶에 질곡이 있었다면 아마 이 정도였을 것이다. "어린시절 나는 엄마와 아버지가 부부싸움할 때 내는 큰 소리가 듣기 싫었고/우리집 거실 쏘파를 하루종일 차지하고 앉아 으름장을 놓던/빚쟁이 아저씨 아줌마들과 엄마 아버지가 실랑이를 벌이던 소리가 듣기 싫었고/그보다 좀 커서는 밤늦도록 술을 마시고 집에 들어오거나 변변찮은 연애를 했을 때/엄마 아버지에게 소리 높여 항변해야 했던 내 목소리가 듣기 싫었고/나 말고도 세 명이나 되는 형제들과 먹거리 입을거리로 아귀다툼을 해야 하는 것이 싫었다"(「소리는 소리로써 이겨야 하는가」).

내 앞에 나타났을 때 이선영은 평범한 소녀가 "좀 커서" 막 청춘의 시기에 진입한 뒤다. 그 시절 그는 세상 물정에 어둡고 어떤 질곡도 겪지 않은 채 순진하게 잘 웃고, 사람들과 어울려 술도 마시고, 아마 "변변찮은 연애"를 하고, 남몰래 시도 썼을 것이다. 나는 그가 노래 부르는 것을 보았고, 가끔 새로 썼다고 내미는 시를 보았다. "씰비어 플라스만이 불멸의 시인이 되기를 꿈꿨겠는가/대륙의 끝자락에 반신을 의탁하고 있는/조그만 나라 대한민국의 조그만 동네 조그만 집에 온몸을 의탁하고 사는 소시민인 나도/소싯적에는 세상을 깜짝 놀라게 할 불후의 시인이기를 꿈꿨음에랴"(「더이상 로망은 없다」). 이선영은 "희망의 각운을 달 수 없는 시"(「희망을 쓸 수 없는 시」)를 쓰는 시인이 되었다. 불멸의 시인은 불가능한 꿈이다. 왜냐하면 해 아래에서 그 어느 것도 불멸은 아니니까. 이선영은 "가끔씩 해변의 사랑과 낭만과 환락"에 뛰어들지는 못하고, 겨우 "곁눈질하면서" 금세 허물어지는 작품을 만드는 모래예술가가 되었다. "나는 부서지고 흩어지려는 것을 영원한 것으로, 영원하다고 믿는 것을 한순간 무너뜨리기를 되풀이하는 모래예술가이니까"(「해변의 모래예술가」). 사람이 만드는 것은 쉽게 부서지고 흩어진다. 그 무엇도 유구하지 않고, 그 어디에도 불멸은 존재하지 않는다. "일러두건대 나는 유리창의 시인(詩人), 유리창의 수인(囚人)인 것이다/유리창이 부서져내리는 날 그 자디잔 파편들과 함께/내 영혼도 산산이 바닥에 흩어져내릴 것이다"(「유리창」). 쉽게 부서지고 흩어진다는 점에서 모래와 유리는 닮았다. 시도, 영혼도 산산이 부서져 바닥에 흩어진다. 이선영은 그의 시대로 "유리창의 시인"이다. 다른 뜻으로 읽자면 도무지 위선과 가면이라는 것을 모르는 사람, 유리창같이 투명한 시인이라는 말이겠다.

내 기억 속에서 영원히 푸르디푸른 청춘일 것만 같던 이선영도 세상의 모든 청년들이 세월과 함께 늙어 검은머리가 반백(半白)으로 변하듯 어느덧 중년에 이르렀다. 세월은 덧없고 빠르다. "수줍고도 당돌하게 찾아온 너의 첫 여자"에 따르면 딸은 어느덧 초경을 맞고, 중년의 시인은 "마지막을 남겨놓고 있는 여자"다. "너의 첫 피,/나의 마지막 피" 사이에서, 혹은 시작과 끝물 사이에서 중년의 난감함을 감당하는 일은 피할 수 없는 현실이다(「초경」). 새파랗던 그가 이제 귀밑머리가 하얘진 중년이 되어 이 음울하고 무겁고 온갖 불행의 기미들로 축축한 시집을 내민다.

3. 이토록 덧없는 청춘송가

청춘은 빨리 지나간다. 빨리 지나가기 때문에 그것은 덧없다. 이선영의 시들은 빨리 지나가버린 청춘의 뒤에서 씁쓸하게 지나가는 것, 잃어버린 것들을 위한 애증(愛憎)과 애락(哀樂)을 담은 송가(頌歌)다. 그 송가를 부르는, 웃음의 유현(幽玄)함이 사라진 목소리는 쓸쓸하다. 한때 불멸을 꿈꾸고 생명의 푸르른 자존으로 빛나던 청춘이 일상의 지리멸렬 속에서 소금에 절인 배추잎사귀처럼 시들해진 탓이다. 청춘은 야생오리, 황금 이파리를 탐스럽게 단 나무들, 초경의 기억, 별빛, 초록의 무성한 힘, 물망초 꽃, 몽고메리 클리프트, 희망의 엽록소 같은 것들 속에서 발견되는 그 무엇이다. 그러나 청춘의 예각(銳角)들은 곧 무뎌지고, 빨리 빛을 잃으며 소멸한다. "조류독감에 휩쓸리고/실업에 휩쓸리고/부채에 휩쓸리고/부패와 불법에 휩쓸"려, "때 아닌 추풍낙엽들이/쉴새없이 바닥으로 떨어져내"린다(「어쩔 수 없는 일」). 청춘이 지나가버리는 것은 추풍낙엽이다. 그것은 어쩔 수 없는 일, 불가피한 숙명에 속한다. 그 숙명을 순순하게 받아들이니, 야생오리라고 믿었던 자신이 실은 "손쉽게 길들여진 집오리들 가운데 하나"(「야생오리」)라는 존재론적 깨달음에 이른다.

청춘이란 앞서간 세대에게 받아내야 할 채권이고, 뒤에 오는 세대에게는 갚아야 할 채무다. 받아내야 할 총액과 갚아야 할 총액은 같다. 그 둘을 상계하면 남는 것은 노후의 징후들, 즉 고달픈 영혼, "이 고깃덩어리로 뭘 해보겠다고/살과 뼈와 피의 요구를 다 들어주며 가는 내 영혼은 고달프기도 하여라"(「21그램」), 그리고 여기저기 흩뿌려지는 존재의 부산물들, "길가에, 방바닥에, 의자에, 읽던 책 위에, 스쳐온 누군가의 어깨에, 내려앉은 나의 머리카락들/순식간에 배수구가 막히는/함부로 남기고 싶지 않은 내 존재의, 부산물”(「머리카락을 남기다」)뿐이고, 어느덧 사소한 일상의 책임과 의무에 매여 허덕이는 중년이다. 중년이란 제 몸에 숨어들어온 바구미떼에 제 속을 다 털린 대추야자 열매와 같다. “대추야자나무는 심어진 그 자리를 지탱하고 서 있을 뿐이다, 속을 다 털리고서도/바구미떼가 새로운 열매를 찾아 우르르 떠날 때까지/대추야자의 건재(健在) 속에 숨겨진 부재(不在)를 아무도 눈치채지 못한다”(「벌레 먹은 대추야자나무」). 건재 속에 숨겨진 부재! 겉으로 보기엔 멀쩡하지만 속은 다 털려 텅 비어 있다. 이 난감한 중년이라니! 대추야자의 속을 털어간 바구미떼는 빛나는 청춘을 좀먹고 앗아간 약탈자인 세월에 대한 은유로 탁월하다.

보라, “지리멸렬을 살아내는 몸의 안녕이 일말의 마음속 불멸마저 사그라뜨리는,/더이상 정신의 존엄과 영혼의 위대함이란 로망이 없는 세계에서/곧 끊어질 것만 같은 시의 동아줄에 간당간당 매달려/그래도 한때는 불멸을 꿈꿨노라고/그래도 아직은 그것이 이 땅에 태어나 살아숨쉬는 내 생명의 자존, 불굴의 내 로망이라고”(「더이상 로망은 없다」) 일상에 질펀하게 깔려 유령처럼 떠도는 이 지리멸렬은 마음에 남은 한점 불멸의 꿈마저 눌러 꺼버린다. “시를 써온 지 20여년 된 이선영/오늘도 이 달큰한 부조리의 영토에서 열심히/산 입으로 죄를 지으며 산목숨에 꿈을 키우며/같은 말/평범한 이름/쓰고 또 쓴다/저는 이선영입니다/그저 사소한 일상일 뿐인/저를 용서하세요"(「동어반복」). 이 달큰한 부조리의 영토에서 평범 그 자체, 사소한 일상 그 자체로 살아 있는, 아, 이선영은 벌써 시를 써온 지 20여년이나 된 시인이다. 마른 할아버지가 불쌍하고, 꼬부랑 할머니가 불쌍하고, 아버지가 불쌍하고, 엄마가 불쌍하고, 순두부찌개를 먹는 남자가 불쌍하고, 시인보다 더 오래 이 지구에 매달려 살아야 하는 어린아이들이 불쌍하다. 이 불쌍함의 계보는 인류가 지구에 존속하는 한 이어질 것이다. 그의 마음은 온통 측은지심으로 물들어 있다(「불쌍하고, 불쌍하다」). 이 측은지심은 현실이 무릉도원이 아니고, 삶은 신산스러운 것이라는 사실을 알 만큼 알아버린 중년의 깨달음과 맞닿아 있다. "내가 엘리자베스 테일러가 아니듯 그러나 아버지는 결코 몽고메리 클리프트가 아니었다"(「몽고메리 클리프트는 없다」)는 것을 눈치챈 중년에게 더 이상 로망은 없다. 고작해야 "삶은 온갖 저지름의 뒤에 흙의 감방 속으로 징역 살러 가는 일"이고, "차갑게 굳어버린 한 구의 시신 속에 동봉돼 사라지고야" 마는 "언도받은, 삶은 언…… 언…… 언해피엔딩"(「징」)이다. 도무지 행복하지 않다는 이 느낌, 어두운 불행 속에서 허우적이고 있다는 이 침울한 느낌은 이선영의 새 시집의 시편들에 드

넓게 침전되어 있다.

누군가의 딸로, 학생으로, 월급쟁이로, 주부로, 누군가의 엄마로 허겁지겁 살다보니 어느덧 중년에 이르렀다. 모든 로망을 잃어버린 이 난감한 중년이 꾸려야 하는 삶은 무겁다. 이 무겁고 무거워서 더 난감해지는 중년이 감당해야 하는 삶의 형편과 작태는 이선영의 시에서 파열하듯이 드러난다. "숱한 모래무덤에 발이 빠지곤 했을 저 거북이는/등에 지고 있는 그 무거운 딱지가/그 안에 잉여와 같은 살을 가두는 것으로 목숨을 부지해온 그 튼튼한 딱지가/저의 걸음을 더디게 하고 더러는 한 발 내디딜 수조차 없게 만든다는 사실을 알고 있을까"(「거북이」). 범박하게 말하자면 거북의 무거운 딱지는 개별자로서 견뎌야 할 책임과 의무들, 그리고 "버겁고 음울하고 잔인했던 시절"(「말죽거리 잔혹사」)들이다. "넓은 모래사장에 사념의 커다란 발자국을 무겁게 내리찍어야 하는,/거북이로 다시 태어나고 싶지 않다"(「거북이」). 누군들 무거운 노역(奴役)이 즐거우랴! 그러나 시인은 온갖 불행과 노역의 경험을 버무려 시로 빚는 사람이니, 불행과 노역은 시의 지복(至福)이기도 하다. 부디 그 지복을 디딤돌 삼아 이선영 시인이 불후의 시인이 되기를……

張錫周 | 시인

| 시인의 말 |

6년 만에 내는 시집이다. 꽤나 오래 묵은 느낌이다.

나는 늘 시를 쓰고 있었지만 세상은 그것을 모르고 있었을 듯하다.

시집을 내지 않은 6년 동안—정확히는 이전 시집의 시효 내지 유통기한에 다다른 2~3년 동안—시집을 내지 않는다는 것은 시를 쓰지 않는다는 것과 동의어이며, 한 명의 시인이 세상에서 잊혀져간다는 것과 동의어일 수 있을 거라는 생각이 들었다.

하지만 어차피 시인이란 세상에서 잊혀져 있다가 시가 그를 깨우고 세상이 그를 부르면 비로소 돌아오는 유객(幽客) 아니랴. 잊혀지는 듯하다 다시 돌아오고 잊혀졌다가도 끝내 되돌아오면서, 그 부침(浮沈)조차 되레 낙을 삼아 이 한세상 유유히 흘러갈 줄 알아야 시인다움 아니겠는가. 이런 유의 내밀한 기쁨이랄까, 은밀한 자족이랄까 하는 것을 나는 이 시집을 눈앞에 둔 지금 누리고 있다.

사실 6년은 한 권의 시집을 준비하기에 지나치게 긴 세월인 것도 아니며 하물며 10년보다는 훨씬 짧은 시간인 것을. 그러나 아, 패스트푸드만 횡행하는 것이 아닌 패스트라이프! 속도전이라는 듯 생은 하도 빨리도 가니 더딘 몸과 마음이 더욱 분주하다.

2009년 7월

이선영

창비시선 304
포도알이 남기는 미래

초판 1쇄 발행/2009년 7월 15일

지은이/이선영
펴낸이/고세현
책임편집/이상술
펴낸곳/(주)창비
등록/1986년 8월 5일 제85호
주소/413-756 경기도 파주시 교하읍 문발리 513-11
전화/031-955-3333
팩시밀리/영업 031-955-3399 · 편집 031-955-3400
홈페이지/www.changbi.com
전자우편/literat@changbi.com
인쇄/상지사P&B

ISBN 978-89-364-2304-9 03810